Denker brauchen

die Investition in Glück und Gesundheit

»Quickies«

Der erste Koch hieß Mr. Zufall: Ein Buschfeuer grillte den Braten. Vor 1,9 Millionen Jahren muss es den Menschen geschmeckt haben, denn die Menükarte änderte sich. Und fortan schrumpften die Zähne, weil nicht mehr so kräftig zugebissen werden musste. Das belegen versteinerte Gebisse. Irgendwann, viel später, entwickelte sich eine wohlhabende Spezies namens Zahnarzt und eine namens Ernährungswissenschaflter. Damals hätten sie keine Arbeit gehabt, denn unsere Ahnen steckten Zeit in die tägliche Jagd nach Kalorien. Sie spürten Wild auf, gruben nach Wurzeln, bestiegen Bäume für die süßesten Früchte und rösteten Eicheln in mühsam mit Stöckchen und Steinen erzeugtem Feuer. Sie hatten Zeit. Es gab weder Internet, noch Staus, noch Fitnessstudios. Die Zeit, die sie hatten, investierten unsere Ahnen zum Teil in ihre täglichen Kalorien. Doch das war ihnen irgendwann lästig. Darum erfanden sie die Mikrowelle und das Fertigprodukt. Nach und nach nahmen die Maschinen dem Menschen die Arbeit ab. Die Kalorie wurde leichter zugängig und billiger – der Mensch in den Industrienationen immer dicker und unglücklicher.

Glück kommt von innen

Wenn 70 Billionen Körperzellen glücklich sind, ist es auch der Mensch – sind es Sie. Und was brauchen 70 Billionen Körperzellen zum Leben: Vitamine, Mineralstoffe, Spurenelemente, Pflanzenstoffe, Eiweißbausteine und essenzielle Fettsäuren. Wenn die Kalorie die wertvollen Vitalstoffe mitbringt, dann schnurren die kleinen Kraftwerke in den Zellen – die Mitochondrien – zufrieden vor sich hin, dann ist der Mensch glücklich, leistungsfähig, gesund. Und zwar ständig, sein ganzes Leben. Also die gesamten genetisch programmierten 120 Jahre.

Quickies statt Fusel

Sie haben einen 8- oder gar einen 16-Stunden-Job? Ihr kalorisches Überleben garantiert der Griff in die Chipstüte oder zum Telefon: Call-a-Pizza. Sie tragen das Fertigprodukt in die Mikrowelle oder tanken Schnell-Energie mit Schokoriegeln und gehen mittags auf ein Gulasch in die Kantine. Sorry, aber damit tun Sie sich nichts Gutes. Wer in seine täglichen Kalorien keine Zeit investiert, erntet Müll. Sie füllen Fusel in Ihren Lebenstank. Ihre Körperzellen »weinen«. Natürlich haben Sie nicht die Zeit, mit Stöcken und Steinen Feuer zu machen, nach Wurzeln zu graben, für frische Früchte auf Bäume zu steigen. Das verlangt auch keiner. Keiner erwartet, dass Sie Tag für Tag vier Stunden am Herd stehen, um die Milliarden

Kosten, die der Volkswirtschaft durch ernährungsbedingte Krankheiten entstehen, ein wenig zu drücken. Nein. Es gibt wie so oft eine einfache Lösung. Sie heißt: »Quickies«.

Quickies – was ist das?

✳ Blitzfrühstück – fruchtig und voller Eiweißpower. Schnell gemacht, damit Sie morgens noch genügend Zeit für die Lektüre der Zeitung und Ihre 30 Minuten Nüchternlauf haben.

✳ Power-Drinks: Kurz shaken und schon haben Sie eine Vitaldusche für Ihre 70 Billionen Körperzellen. Das Geheimnis, das dahinter steckt: Eiweiß plus Früchte oder Eiweiß plus Gemüse.

✳ Dips und Vitalstoffe zum Aufstreichen. Stippen Sie mit Gemüsestreifen Vitalität. Und umschiffen Sie die Wurstsemmel mit köstlichen Forever-Young-Aufstrichen fürs Brötchen.

✳ Fingerfood. Schnell daheim zubereiten. Mit in den Job nehmen – und vor neidischen bleichen Riegelessern hüten.

✳ Protein-Fastfood. Kleine Köstlichkeiten mit Eiweiß, die Glückshormone und Geistesblitze locken. Stoff für Muskelmasse und ein deutliches Ade an die Fettzellen.

✳ Blitzrezepte für abends. Fastfood der herrlich gesunden Art, das Ihre 70 Billionen Körperzellen vor Freude juchzen lässt. Und die Nacht wird zum ...

Doping

Stoff für Energie, gute Laune, gute Ideen

für Denker

Wecken Sie ungeahnte Energien, die Höchstleistung und Kreativität erst möglich machen.

EIWEISS IST LEBEN, IST LEISTUNG, IST GLÜCK

Ihre körperliche und mentale Fitness wird allein durch Eiweiß bestimmt. Ihr Körper baut aus den 24 Aminosäuren, die Sie täglich zuführen müssen, 50000 Proteine auf: Ihr Immunsystem, Ihre Muskeln, Ihre Hormone, Ihre Gefühle, Ihr Leben. Essen Sie täglich 50 bis 100 Gramm Eiweiß ohne Fett. Am besten alle vier Stunden eine Portion. Die Anleitung steckt in unseren Rezepten.

FDH – FETT DIE HÄLFTE

Konsumieren Sie statt der üblichen 140 höchstens 70 Gramm. Denn Fett ist der Feind der Hüften, der Blutgefäße und der Gedanken. Meiden Sie tierische Fette aus Wurst, Braten und Sahnesaucen, zu Gunsten von essenziellen Fettsäuren aus pflanzlichen Ölen. Setzen Sie auf das Forever-Young-Elixier: Olivenöl.

ZUCKER WIE GOLD

Das Glück schmeckt süß. Wir lieben es süß. Doch zu viel davon macht alt. Weißmehl, zuckerhaltige Fertigprodukte locken das Dickmacherhormon Insulin, und solange dieses im Körper regiert, haben Power und Anti-Aging-Hormone keine Chance, ihre wohl tuende Wirkung zu entfalten. Lassen Sie sich nicht länger alt machen – verwenden Sie Zucker, als wäre er wertvoll wie Gold. Wählen Sie Vollkorn und versüßen Sie Ihr Leben mal mit Natur pur: mit Honig oder den süßesten Früchten.

ESSEN SIE LEBEN

Die Hälfte der Lebensmittel sollten Sie in ihrer ursprünglichen Form genießen, so wie sie die Natur für Sie bereit hält, wie Ihre Ahnen sie vor 1,9 Millionen Jahren aßen: roh. Genießen Sie täglich Schuhmachers Formel-1-Rezept: Eine große Schüssel Obstsalat, oder dopen Sie Ihre Körperzellen per Gemüsestreifen mit Dips. Rezepte auf Seite 21 und 22.

DIE GEWÜRZE DES 21. JAHRHUNDERTS

Dieses gibt es leider nur beim Apotheker als Vitalstoffe. Lassen Sie sich Vitamine und Mineralien einmal vom Arzt im Blut bestimmen. Und füllen Sie die leeren Tanks auf – mit Natur vom Gemüsemann und Pillen aus der Apotheke.

DER DENKER-COCKTAIL

Diese Vitalstoffe halten Ihre Gehirnzellen munter, schenken Ihnen eine dicke Portion Fröhlichkeit – und wappnen Sie gegen Stress. In Zeiten, wo (zu) viel von Ihnen verlangt wird, sollten Sie auf folgende Tages-Dosen achten:

VITAMINE

je 10 bis 40 mg B_1 und B_2
150 mg B_3
10 bis 40 mg B_6
10 mg B_{12}
5 mg Carotinoide
1–3 g Vitamin C (in Stresszeiten)
400 mg Vitamin E
800 μg Folsäure (Manager-Herz-Prophylaxe ab 40 Jahre)

MINERALSTOFFE

1–4 g Kaliumsalz
1,5 g Kalzium
600 mg Magnesium

SPURENELEMENTE

250 μg Chrom
5 mg Mangan
200 μg Selen
25 bis 50 mg Zink

DER WEG VOM GOURMAND ZUM GOURMET

Essen hat mit Lust zu tun, auch mit Leichtigkeit. Und das kann einem die Schweinshaxe mit Knödel nicht vermitteln. Glauben Sie mir: Es sind die schlichten und puren Kreationen mit sämtlichen Köstlichkeiten aus der Natur, die die Geschmackspapillen jubilieren lassen und die Körper, Geist und Seele eine wunderbare Zeitreise schenken. Eine Zeitreise zurück in die Jugend.

DER WEG AUF DEN CHEFSESSEL

Serotonin ist eines Ihrer wichtigsten Hormone. Es bestimmt Ihr Glück, Ihren Erfolg. Serotonin ist nämlich das Hormon, das fröhlich macht und Überblick verschafft. Es entscheidet, ob Sie ernst, unglücklich und depressiv sind, das ganze Leben nur gegen den Wind kämpfen. Oder ob Sie als begnadeter Überflieger mit Rückenwind das Leben meistern. Wie kommen Sie an Serotonin? Durch Tryptophan. Aus dieser Aminosäure bastelt sich das Gehirn mit Hilfe von Kohlenhydraten aus Obst und Gemüse den Glücksbotenstoff Serotonin. Wie kommen Sie an Tryptophan? Essen Sie Eiweiß ohne Fett. Geflügel, Fisch, Hülsenfrüchte, Hüttenkäse, Tofu oder Milchprodukte liefern Tryptophan.

Sie wollen Karriere machen? Dann genießen Sie unser Fingerfood, das Protein-Fastfood oder die Fitness-Drinks, und Tryptophan strömt ins Gehirn, wird zu Serotonin. Sie haben gute Laune und Überblick – Eigenschaften, die ein Chef haben sollte.

Und noch mehr

Stoff für Kreativität & Höchstleistung

Brainpower

SHAKEN STATT INS SAND-
WICH BEISSEN

Die meisten Menschen haben einen zu niedrigen Eiweißspiegel im Blut, weil sie unter Eiweiß Wurst und Braten verstehen und sobald der Hunger kommt zum »Schnell-im-Biss« greifen. Die Folge: Eiweißmangel trotz Kalorienüberfluss. Denn falsche Ernährung – zu fett, zu süß – sorgt dafür, dass das Eiweiß gar nicht erst im Blut ankommt, sondern im Darm gärt und fault. Das macht den Geist träge, den Körper müde. Besser ist: Geben Sie Ihrem Körper den Nährstoff, aus dem Power und Fitness ist: Eiweiß – ohne Fett. Bevor Sie zu Fastfood greifen, shaken Sie sich einen Eiweißdrink – Anregungen finden Sie ab Seite 16. Sie werden spüren: Ihre 70 Billionen Körperzellen sagen danke!

ESSEN SIE SICH WACH

Für Lustlose und Müde hält die Natur ein Aufputschmittel bereit: Tyrosin. Das Weckamin kann Ihr Körper selbst bilden, wenn Sie Ihn dabei unterstützen. Wieder heißt das Geheimnis: Eiweiß. Essen Sie alle vier Stunden eine Portion und heben Sie so Ihren Gesamteiweißspiegel an. Nur wenn der Eiweißspiegel hoch ist, wird das zugeführte Eiweiß nicht sofort in Muskeln, Haut oder Nervenzellen eingebaut, sondern steht dem Gehirn zur Produktion von Tyrosin zur Verfügung. Das hält Sie auch 20 Stunden wach, leistungsfähig und konzentriert – wenn Sie das wollen.

MEHR DYNAMIK
MIT TESTOSTERON

Sie wollen wacher als Ihre Kollegen sein, schlagfertiger, kreativer oder einfach nur schneller? Dann kümmern Sie sich um Ihr Testosteron. Testosteron ist das Hormon der Sieger. Wachheit und Müdigkeit, Hochs und Tiefs, Schlappsein und Antriebskraft sind direkt an den Testosteronspiegel im Blut gekoppelt – bei Männern und Frauen. Sie müssen nun nicht zum Anti-Aging-Mediziner gehen, der Ihnen ein Testosteronpflaster auf den Po klebt. Machen Sie Ihr Testosteron doch einfach selbst. Die Power-Formel heißt: Zink plus Eiweiß plus Vitamin B_6. Das alles finden Sie in unseren Rezepten. Mischen Sie zusätzlich täglich 1 Löffel Hefeflocken unter Ihren Joghurt und essen Sie Vollkornprodukte – meiden Sie Weißmehl und Zucker. Diese unnatürlichen Kohlenhydrate verhindern, dass Testosteron seine Power verbreitet.

Phenylalanin für Euphorie und Kreativität

Wenn Sie einen Hamburger essen oder einen Braten mit Knödel, haben Sie schon verloren. Sie sind danach müde. Essen Sie indes mageren Fisch mit Zitrone, bildet Ihr Körper das Hormon Noradrenalin, das Hormon der Gewinner, das optimistisch und glücklich stimmt. Das Eustress-Hormon, welches kreative Flügel verleiht, wenn etwas Kompliziertes schnell gehen muss. Das Herz schlägt schneller, pumpt das Gehirn voll mit Wachheit. Noradrenalin ist ganz einfach herzustellen. Sie brauchen nur die Aminosäure Phenylalanin dazu.

Schlau mit Mangan und Chrom

Wenn Sie konzentriert arbeiten oder zwei Stunden konferieren, Ihr Blutzuckerspiegel dabei langsam abfällt, Ihrem Gehirn der Zucker ausgeht und Sie müde werden, dann müsste Mangan angreifen. Es kurbelt die Enzyme an, die dafür sorgen, dass Süßschnabel Gehirn Zuckernachschub bekommt. Sie aber bleiben müde, fahrig, unkonzentriert, sind leistungsunfähig, weil Sie sich nicht um Ihr Mangan kümmern – eine typische Sünde der Kopfarbeiter! 85 Prozent von ihnen haben eindeutig zu wenig Mangan im Blut. Vollkorn, weiße Bohnen, Erbsen, Grünkohl liefern das Denker-Spurenelement. Und jede Menge steckt im schwarzen Tee.

Für gute Nerven und geistige Frische wird aber auch viel Chrom gebraucht. Misst man des gestressten Schreibtischtäters Blut, stellt man häufig einen massiven Chrommangel fest. Ohne Chrom sind Sie ständig müde, unkonzentriert, verzagt, unruhig, nervös. Denn ohne Chrom strömt kein Zucker in Ihre Gehirn- und Nervenzellen. Getreide, Samen, Kerne, Nüsse, Naturreis, Pilze und Fleisch sind ideale Chromlieferanten. Schlauheit tankt, wer eine Powerwoche einlegt – die Anleitung und zahlreiche Rezepte für jede Menge Brainpower finden Sie auf der nächsten Seite.

Happy Food fürs Gehirn: B-Vitamine

Die große Gruppe der B-Vitamine ist die wichtigste für ein junges Gehirn. B-Vitamin-Mangel taucht in Deutschland häufig auf. Hauptgrund für den Mangel: Raffinierte Produkte statt Vollkorn, Kantinenessen und Fastfood statt Nahrungsmittel, die leben. Ein Grund mehr, weshalb Sie unser Angebot an Fingerfood ab Seite 28 jedem Schnellimbiss vorziehen sollten. Essen Sie täglich eine große Schüssel Obstsalat, darüber reiben Sie die Vitamin-B-Bömbchen namens Nüsse. Auch eine große Schüssel Salat mit gemixtem Gemüse macht Ihre Gehirnzellen happy. Tauschen Sie Baguette gegen Vollkornbrot, polierten Reis gegen Naturreis und probieren Sie Vollkornnudeln aus.

Power-

sieben clevere Tage für Kopfarbeiter

woche

ERFOLG UND KREATIVITÄT

Sie wollen endlich nicht mehr müde sein, sondern fröhlich, vor Energie schier platzend, kreativ und mit Überblick anfallende Anforderungen meistern. Kein Problem! Verbannen Sie die Trägheit aus Ihrem Körper, Ihrem Gehirn – vielmehr verbrennen Sie sie. Wie das geht? Ganz einfach: Laufen Sie täglich 30 Minuten. Dann verbrennen Sie Fett, das von der Hüfte, das in den Adern und das Fett, das Ihre Denkkanälchen im Gehirn verklebt. Nun müssen Sie nur noch Ihre 70 Billionen Körperzellen mit Energie aufladen. Wie das geht? Auch das geht ganz einfach: Schütten Sie Vitalstoffe in Ihren Lebenstank, am besten mit unserer Powerwoche für Kopfarbeiter.

TRINKEN SIE

Noch ein Geheimnis für Ihren Erfolg: Trinken Sie täglich mindestens drei Liter. Die Hälfte davon schon morgens. Denn Studien zeigen: Wer nicht regelmäßig und ausreichend Flüssigkeit zuführt, drosselt Konzentration und geistige Leistungskraft. Warum? Das Blut dickt ein. Und das mag das Gehirn gar nicht. Trinken Sie Mineralwasser mit Zitronensaft (liefert den Fatburner Vitamin C). Lassen Sie täglich 400 Milligramm Magnesiumpulver in einem Glas sprudeln. Im Essen steckt nämlich kaum mehr von dem wichtigen Denker- und Anti-Stress-Mineral. Und genießen Sie jeden Tag ein großes Glas Tomatensaft. Das wichtigste Manager-Elixier, das die Natur bereithält. Sein Kalium hält den Blutdruck in Schach, entstresst und seine Pflanzenstoffe schützen vor Krebs.

DER WOCHENPLAN

Lernen Sie Gemüse lieben und Obst verehren. Allein das schenkt Ihnen das Gefühl der Leichtigkeit des Seins und hebt Sie auf der Karriereleiter nach oben. Essen Sie also, wann immer Sie Lust haben, Gemüse oder Obst. Auf der nächsten Seite finden Sie für jeden Tag Vorschläge (an die Sie sich nicht akribisch halten müssen) für ein Blitzfrühstück und Blitzabendessen, für einen gesunden Schnellimbiss – ein Brotaufstrich oder ein Gemüse-Dip. Und für Fingerfood, das Sie zu Hause zubereiten und mit ins Büro nehmen können. Natürlich fehlt auch der Fitness-Drink nicht und der Snack. Beide sorgen dafür, dass Sie alle vier Stunden den Stoff bekommen, aus dem Höchstleistung und Kreativität sind: Eiweiß. Guten Appetit.

WOCHENPLAN

Montag

* Zitronen-Mango-Quark * Rucola-Dip mit Basilikum
* Lachsspieße mit Limetten-Joghurt * Beeren-Shake mit Sojamilch
* Provenzalischer Gemüse-Eintopf

Dienstag

* Beeren-Cocktail mit Bananenschaum * Paprika-Cheese mit Sellerie
* Würzhähnchen im Wirsingblatt * Marinierter Paprika-Tofu
* Zucchini-Spaghetti mit Oliven

Mittwoch

* Tomaten-Mozzarella-Kornspitz * Feta-Joghurt-Dip mit Dill
* Spinat-Tortilla-Würfel * Nektarinenquark mit Pistazien
* Gratiniertes Champignon-Brot

Donnerstag

* Ananas-Schiffchen mit Lachsschinken * Walnusspaste mit Petersilie
* Brötchen mit Gemüse-Tartar * Mariniertes Roastbeef mit Pilzen
* Mangold-Gemüse mit Kartoffeln

Freitag

* Camembert-Toast mit Kiwi * Scharfer roter Linsen-Dip
* Kernige Apfel-Bratlinge * Putenfilet mit Tomaten-Salsa
* Lauch-Käse-Omelett

Samstag

* Beeren-Cocktail mit Bananenschaum * Marmorierter Ajvar-Käse
* Zwiebelburger mit Petersilie * Kalte Gurkensuppe mit Joghurt
* Brokkolireis mit Mandeln

Sonntag

* Ananas-Schiffchen mit Lachsschinken * Orangen-Curry-Sauce mit Koriander
* Putensaté mit Erdnuss-Sauce * Gefüllte Tomate mit Oliven-Käse
* Gemüse-Wok mit Kabeljau

Zitronen-

Obst & Eiweiß

Mango-

liefern Power pur

Quark

Zutaten für 1 Person: • 2 EL Haferflocken • 200 g Mango (ohne Stein) • 40 g Ricotta (40 % Fett) • 100 g Quarkzubereitung (0,2 % Fett) • 1 TL Akazienhonig • 1 EL Zitronensaft

Die Haferflocken in einer kleinen beschichteten Pfanne ohne Fett goldbraun rösten. Die Mango schälen und etwa 1 cm groß würfeln. Den Ricotta mit dem Quark und 1 EL Haferflocken verrühren, mit dem Honig und Zitronensaft abschmecken. Zwei Drittel der Mangowürfel abwechselnd mit dem Ricottaquark in kleine Glasschälchen füllen. Die übrigen Mangowürfel darauf verteilen, mit den restlichen Haferflocken bestreuen.

power

ETWA: 329 KCAL • 21 g EW • 7 g F • 44 g KH

Beeren-Cocktail

Doping der erlaubten Art: Vitamin C

mit Bananenschaum

Zutaten für 1 Person: • 150 g gemischte Beeren • 1 Rippchen (5 g) Bitterschokolade (mindestens 70 % Kakaoanteil) • 1/2 Banane • 2 TL Zitronensaft • 1 TL Ahornsirup • 50 g Magermilchjoghurt

Die Beeren kurz abbrausen, abtropfen lassen, putzen und verlesen. Die Schokolade hacken. Die Banane schälen und grob zerteilen. Mit Zitronensaft, Ahornsirup und Joghurt in den Mixer geben und 15 Sekunden pürieren. Den Bananenschaum sofort über die Beeren verteilen und mit der gehackten Schokolade bestreuen.

ETWA: 147 KCAL • 3 g EW • 2 g F • 31 g KH

Ananas-Schiffchen

Fatburner: Ananas-Enzyme und Protein

mit Lachsschinken

Zutaten für 1 Person: • 1/4 Ananas (etwa 350 g) • 50 g Lachsschinken-Aufschnitt • schwarzer Pfeffer aus der Mühle

Das Ananasviertel putzen, längs halbieren und vom harten Strunk befreien. Das Fruchtfleisch von der Schale lösen und auf der Schale liegend in Stücke schneiden. Die Ananasstücke gegeneinander versetzen. Den Schinken vom Fettrand befreien und auf einem Teller mit den Ananasschiffchen anrichten. Leicht mit Pfeffer übermahlen und sofort servieren.

ETWA: 210 KCAL • 16 g EW • 2 g F • 31 g KH

Camembert-Toast
clever & gut: Brainfood nicht vergessen!
mit Kiwi

Die Toastscheiben goldbraun toasten. Den Camembert mit einer Gabel zerdrücken und den Quark untermischen. Mit dem Senf, etwas Pfeffer und wenig Salz vermischen, bis die Käsemischung glatt und schön geschmeidig ist.

Die Walnusskerne mit dem Messer grob hacken. Die Kiwi schälen und der Länge nach in dünne Spalten schneiden.

Die Toastscheiben mit der Camembertcreme bestreichen, dann mit den Kiwispalten belegen. Die Walnüsse obenauf streuen. Den Toast sofort servieren.

Zutaten für 1 Person:
2 Scheiben Mehrkorntoast
30 g Camembert
(30 % Fett i. Tr.)
2 EL Magerquark
1/2 TL Senf
schwarzer Pfeffer
Salz
2 Walnusskerne
1 Kiwi

Löffeln Sie Vitamin C

Erfreuen Sie Ihre 70 Billionen Körperzellen mit dem hohen Gehalt an Vitamin C der grünen Exotin. Das Multitalent schützt jede Zelle vor dem Altern, festigt das Bindegewebe, beugt Cellulite vor, stärkt das Immunsystem und putzt die Blutgefäße durch. Tägliche Forever-Young-Dosis: 1 bis 3 Gramm. Das wären 14 bis 42 Kiwis. Unmöglich. Deswegen sollten Sie auch zum Apotheker gehen.

ETWA:
235 KCAL
13 g EW • 7 g F
29 g KH

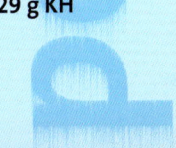

Tomaten-Mozzarella-Kornspitz

ein morgendlicher Forever-Young-Happen

Zutaten für 1 Person:
1/2 Kornspitzstange (etwa 35 g)
1 TL vegetarischer Brotaufstrich
mit Oliven
50 g Mozzarella
1 feste Tomate
1 Zweig Basilikum
Salz
schwarzer Pfeffer
1 TL Olivenöl

Die halbe Kornspitzstange mit dem Brotaufstrich bestreichen. Den Mozzarella abtropfen lassen und in dünne Scheiben schneiden. Die Tomate waschen, von dem Stielansatz befreien und ebenfalls in dünne Scheiben schneiden. Das Basilikum, falls nötig, waschen und trockenschütteln. Die Blättchen von den Stielen zupfen und beiseite legen.

Die Tomaten- und Mozzarellascheiben sowie die Basilikumblättchen abwechselnd auf die Kornspitzhälfte legen. Tomaten und Mozzarella mit Salz und Pfeffer würzen und mit dem Olivenöl beträufeln.

Sie können die Menge verdoppeln und den Kornspitz als Sandwich verpackt mit ins Büro nehmen.

 Absage an das Marmeladenbrötchen

Morgens ein Baguette mit Marmelade lockt das Dickmacherhormon Insulin. Es ist für das Auf und Ab des Blutzuckerspiegels verantwortlich und hortet Fett auf den Hüften. Viel Insulin heißt: Der Blutzucker sinkt schnell. Darauf reagiert das Gehirn mit Schwäche und der Körper mit Heißhunger auf Süßes. Probieren Sie es doch lieber einmal herzhaft.

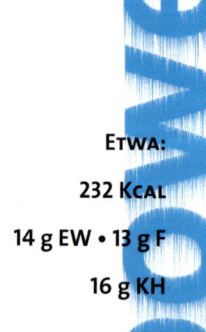

ETWA:

232 KCAL

14 g EW • 13 g F

16 g KH

power

Bananen-
lädt ein zum Tanz der Slim-Hormone
Möhren-Mix

Die Banane schälen und in Scheiben schneiden. Die Orange und die

Zitrone auspressen. Die Bananenscheiben, den Orangen- und Zitronen-

saft mit dem Maiskeimöl in den Mixer geben. Alles in

5 Sekunden fein pürieren.

Das Eiweißpulver und den Möhrensaft hinzufügen.

Nochmals alles 10 Sekunden kurz und kräftig vermi-

schen und mit Zimt abschmecken.

Die Eiswürfel in ein großes Kelchglas geben, den Mix

darüber gießen. Den Drink mit einem Trinkhalm oder

mit einer zarten Möhre garniert sofort servieren.

Zutaten für 1 Person:
1 Banane
1 Orange
1 Zitrone
1 TL Maiskeimöl
2 EL Eiweißpulver
75 ml Möhrensaft
Zimtpulver
3 Eiswürfel
1 Trinkhalm

▶ Bitte Eiweiß und Wasser

Sie bestehen aus Eiweiß und Wasser – hoffentlich
nicht aus Fett. Sie wollen Muskeln, Aktiv-Hormone,
kreative Gedanken und Glück spüren? Dann essen
Sie alle vier Stunden Eiweiß ohne Fett. Die ideale
Portion 20 bis 40 Gramm. Mehr scheidet die Niere
einfach aus. Und: Trinken Sie täglich mindestens
3 Liter Wasser, dann unterstützen Sie zudem auch Ihr
wichtigstes Entgiftungsorgan, die Niere.

ETWA:

329 KCAL

28 g EW • 6 g F

46 g KH

power

Beeren-Shake
rote Milch lässt Flügel wachsen
mit Sojamilch

Zutaten für 1 Drink: • 100 g gemischte Beeren • 2 TL Zitronensaft • 1 TL Fruchtzucker • 50 ml Multivitaminsaft • 2 EL Eiweißpulver (aus der Apotheke) • 1/8 l kalte Sojamilch • 1 Trinkhalm

Die Beeren kurz abbrausen, putzen, verlesen und abtropfen lassen. Mit Zitronensaft, Zucker und Multivitaminsaft im Mixer 15 Sekunden fein pürieren. Das Eiweißpulver und die Sojamilch dazugeben und alle Zutaten kräftig durchmixen. Den Shake in ein Glas gießen und sofort mit einem Trinkhalm servieren.

ETWA: 224 KCAL • 28 g EW • 3 g F • 23 g KH

Exotischer
cooler Drink löscht rauchende Köpfe
Smoothie

Zutaten für 1 Drink: • 100 g Mango • 1/2 Papaya • 1 TL brauner Rohrzucker • 100 ml Orangensaft • 2 EL Limettensaft • 2 EL Eiweißpulver (aus der Apotheke) • 4 EL gestoßenes Eis • 1 dicker Trinkhalm

Die Mango und die Papaya schälen und klein schneiden. In einem Gefrierbeutel im Tiefkühlfach 30 Minuten anfrieren lassen. Mit dem Zucker, Orangen- und Limettensaft im Mixer pürieren. Das Eiweißpulver und das Eis dazugeben und nochmals alles mixen. Den Drink in ein gefrostetes Glas gießen. Mit einem dicken Trinkhalm und Löffel servieren.

ETWA: 376 KCAL • 27 g EW • 0 g F • 68 g KH

Ananas-Lassi
macht morgens fit und munter
mit Honig

Zutaten für 1 Drink: • 1 Scheibe Ananas (etwa 125 g) • 150 g Joghurt (1,5 % Fett) • 1 EL Zitronensaft • 2 EL Eiweißpulver (aus der Apotheke) • 1 TL Orangenhonig • 50 ml Mineralwasser • 1 dicker Trinkhalm

Die Ananasscheibe schälen, vom Strunk befreien und klein würfeln. Mit Joghurt und Zitronensaft im Mixer 15 Sekunden fein pürieren. Das Eiweißpulver, den Honig und das Mineralwasser hinzufügen und alles kräftig mixen. Den Drink in einem großen Becherglas mit einem dicken Trinkhalm servieren.

Etwa: 314 Kcal • 29 g EW • 3 g F • 43 g KH

Kiwi-Molke-Drink
weckt müde Geister und Kollegenneid
mit Erdbeeren

Zutaten für 1 Drink: • 1 Kiwi • 5 Erdbeeren • 1/2 reife Birne (etwa 75 g) • 1 EL Apfeldicksaft • 150 ml kalte Trinkmolke • 2 EL Eiweißpulver (aus der Apotheke) • 1 Trinkhalm

Die Kiwi schälen und würfeln. Die Erdbeeren waschen, entstielen und vierteln. Die Birne schälen, entkernen und würfeln. Die Früchte mit dem Apfeldicksaft und der Hälfte der Molke im Mixer pürieren. Das Eiweißpulver und die übrige Molke dazugeben, alles 10 Sekunden mixen. Den Drink in einem großen Glas mit einem Trinkhalm servieren.

Etwa: 271 Kcal • 26 g EW • 1 g F • 38 g KH

Scharfer roter

Powerpartner: bunte Gemüsestreifen

Linsen-Dip

Die Tomate überbrühen, abschrecken, häuten und ohne Stielansatz in kleine Würfel schneiden. Die Zwiebel und den Ingwer schälen, beides in feine Würfel schneiden.

Das Öl in einem Topf erhitzen. Die Zwiebelwürfel und den Ingwer darin andünsten. Mit der Brühe aufgießen. Die Linsen und die Tomatenwürfel samt Saft und Kernen einrühren, aufkochen lassen und zugedeckt bei mittlerer Hitze 10 Minuten köcheln lassen.

Die Linsen vom Herd nehmen und pürieren.

Die Petersilie abbrausen, trockenschütteln, die Blättchen abzupfen, hacken und unter die warmen Linsen mischen. Mit Salz und Cayennepfeffer scharf abschmecken. Den Dip abkühlen lassen.

Das Gemüse waschen und putzen oder schälen. In Streifen schneiden und extra zum Dip servieren.

Zutaten für 1 Person:
1 Tomate
1/2 kleine Zwiebel
1 haselnussgroßes Stück Ingwer
1 TL Erdnussöl
75 ml Gemüsebrühe
40 g rote Linsen
3 Zweige Petersilie
Salz
Cayennepfeffer
250 g gemischtes Gemüse (Staudensellerie, Möhren, Rettich, Paprika)

power

ETWA: 274 KCAL • 14 g EW • 7 g F • 37 g KH

Feta-Joghurt-Dip mit Dill

griechisch snacken – und dann ein Marathon

Zutaten für 1 Person: • 40 g Feta (Schafkäse) • 40 g Joghurt (1,5 % Fett) • 1 TL Zitronensaft • Salz
• schwarzer Pfeffer • 1 TL Olivenöl • 3 Zweige Dill

Den Feta in kleine Würfel schneiden. Den Joghurt und den Zitronensaft hinzufügen und alles glatt pürieren. Mit wenig Salz, mit Pfeffer und Olivenöl abschmecken. Den Dill waschen, trockenschütteln, die Blättchen abzupfen, hacken und untermischen. Den Dip zu rohen Gemüsestreifen servieren.

power

Etwa: 184 Kcal • 10 g EW • 15 g F • 2 g KH

Rucola-Dip mit Basilikum

so stippen Sie Vitalität

Zutaten für 1 Person: • 30 g Rucola • 3 Zweige Basilikum • 1 EL Kürbiskerne • 2 EL Parmesan • 1 TL Aceto balsamico • 1 1/2 EL Olivenöl • 3–4 EL Gemüsefond (aus dem Glas) • Salz • schwarzer Pfeffer

Den Rucola waschen, putzen, verlesen und trockenschütteln. Die Basilikumblätter abzupfen und abreiben. Die Kürbiskerne hacken. Rucola, Basilikum, Kürbiskerne, Käse, Essig und Olivenöl pürieren. So viel Fond unterrühren, dass der Dip cremig wird. Den Dip salzen und pfeffern. Dazu frische Gemüsestreifen nach Wahl zum Stippen reichen.

power

Etwa: 226 Kcal • 6 g EW • 20 g F • 5 g KH

Orangen-Curry-Sauce

eintauchen in die Karibik, dann abheben

mit Koriander

Zutaten für 1 Person: • 1/2 Schalotte • Orangenschale (unbehandelt) • 1 EL frisch gepresster Orangensaft • 40 g Quarkzubereitung (0,2 % Fett) • 2 EL saure Sahne (10 % Fett) • 1/4 TL scharfer Senf • Currypulver • 3 Zweige Koriandergrün oder Petersilie

Die Schalotte schälen und fein würfeln. Orangenschale, Orangensaft und Schalotte mit dem Quark, der sauren Sahne, Senf und Curry vermischen. Koriander oder Petersilie waschen, trockenschütteln, die Blättchen abzupfen, hacken und unterrühren. Zu Gemüsestreifen servieren.

ETWA: 77 KCAL • 7 g EW • 4 g F • 4 g KH

Marmorierter

schärft die Sinne, beflügelt die Fantasie

Ajvar-Käse

Zutaten für 1 Person: • 1/2 Schalotte • 1/2 Knoblauchzehe • 3 Zweige Petersilie • 60 g Schichtkäse (20 % Fett i. Tr.) • Salz • Pfeffer • 2 TL Ajvar (scharfes Paprikapüree)

Die Schalotte und den Knoblauch schälen und fein würfeln. Die Petersilie waschen, trockenschütteln, die Blätter abzupfen und hacken. Schalottenwürfel, Knoblauch und Petersilie mit dem Schichtkäse im Mixer glatt pürieren. Die Creme kräftig mit Salz und Pfeffer würzen. Den Ajvar dazugeben und nur leicht untermixen. Als Brotaufstrich servieren.

ETWA: 70 KCAL • 7 g EW • 3 g F • 4 g KH

Radieschen-Obatzter
Bayrischcreme – herzhaft und leicht
mit Schnittlauch

Den Camembert und den Frischkäse mit einer Gabel gut zerdrücken. Den Obstessig gründlich untermischen.

Zutaten für 1 Person:
30 g Camembert
(30 % Fett i. Tr.)
30 g fettarmer Frischkäse
(16 % Fett)
1/2 TL Obstessig
3 kleine Radieschen
1/4 kleine Zwiebel
Salz
schwarzer Pfeffer
Paprikapulver, edelsüß
1 TL Schnittlauchröllchen
1 Scheibe Vollkornbrot

Die Radieschen waschen und putzen. Zwei Radieschen in sehr feine Würfel schneiden, das übrige Radieschen in dünne Scheibchen schneiden. Die Zwiebel schälen und ebenfalls in feine Würfel schneiden. Die Radieschen- und Zwiebelwürfel unter die Käsemischung rühren. Den Obatzten mit Salz, Pfeffer und Paprika sehr würzig abschmecken.

Die Schnittlauchröllchen darüber streuen. Mit den Radieschenscheiben garnieren. Die Brotscheibe diagonal teilen und zum Obatzten reichen.

Sauer macht sich wichtig

Warum träufelt man Zitrone über den Fisch, isst den Salat mit Essig vor dem Steak, gibt einen Teelöffel Obstessig zum Camembert? Ganz einfach: Säure hilft, Eiweiß zu verdauen, sorgt dafür, dass die Eiweißbausteine namens Aminosäuren zu den 70 Billionen Körperzellen gelangen. Um Nerven zu stärken, Hormone zu bilden, Immunzellen zu wappnen, Muskeln aufzubauen, Fett zu vernichten.

power

ETWA:
250 KCAL
17 g EW • 8 g F
27 g KH

Paprika-Cheese
noch mehr Vitalstoffe zum Aufstreichen
mit Sellerie

Zutaten für 1 Person: • 1 Streifen rote Paprikaschote • 1/2 Stange Staudensellerie • 1 kleine Frühlings-zwiebel • 75 g körniger Frischkäse (20 % Fett i. Tr.) • 2 TL geriebener Pecorino • Salz • schwarzer Pfeffer • gemahlener Kreuzkümmel

Die Paprika und den Sellerie waschen, putzen und klein würfeln. Die Frühlingszwiebel waschen, putzen und in feine Ringe schneiden. Den Frischkäse mit Pecorino, Paprika, Staudensellerie und Frühlingszwiebel vermischen. Mit Salz, Pfeffer und Kreuzkümmel abschmecken.

Etwa: 123 Kcal • 10 g EW • 3 g F • 5 g KH

Möhren-Kerbel-
ein Himmel- und-Erde-Rezept für Adler
Brotaufstrich

Zutaten für 1 Person: • 1 TL Sonnenblumenkerne • 1 kleine Möhre • 75 g Magerquark • 1 TL Zitronensaft • 1 TL Mandelöl • 1 EL gehackter Kerbel • Salz • schwarzer Pfeffer

Die Sonnenblumenkerne in einer Pfanne ohne Fett rösten. Die Möhre schälen und grob raspeln. Den Quark mit dem Zitronensaft und dem Öl verrühren. Die Möhrenraspel und die Sonnenblumenkerne sowie den Kerbel unterrühren. Den Aufstrich salzen und pfeffern.

Etwa: 143 Kcal • 11 g EW • 7 g F • 9 g KH

Walnusspaste mit Petersilie

Eiweißpower für mehr Muskeln

Zutaten für 1 Person: • 8 Walnusskerne • 1/2 Knoblauchzehe • 1/2 Bund Petersilie • 75 g fettarmer Frischkäse (5 % Fett) • Salz • schwarzer Pfeffer • 1 TL Zitronensaft

Die Walnüsse fein reiben und in einer beschichteten Pfanne ohne Fett rösten. Den Knoblauch schälen und hacken. Die Petersilie waschen, trockenschütteln, die Blätter abzupfen und hacken. Walnüsse, Knoblauch und Petersilie mit dem Frischkäse im Mixer glatt pürieren. Salzen, pfeffern und mit Zitronensaft abschmecken. Als Brotaufstrich servieren.

ETWA: 280 KCAL • 15 g EW • 21 g F • 5 g KH

Kartoffel-Joghurt-Creme mit Kapern

geballte Ladung Energie

Zutaten für 1 Person: • 1 mehlig kochende Kartoffel (etwa 80 g) • Salz • 2 TL Essig • 1 EL Olivenöl • 2 EL Joghurt (1,5 % Fett) • 1/4 rote Zwiebel • 2 TL Kapern • schwarzer Pfeffer

Die Kartoffel waschen, mit Salzwasser bedeckt in 25–30 Minuten garen. Noch heiß pellen und durch die Kartoffelpresse drücken. Die Kartoffelmasse mit dem Essig, dem Olivenöl und dem Joghurt verrühren. Die Zwiebel schälen und sehr fein würfeln, mit den Kapern unter die Kartoffelmasse heben. Mit Salz und Pfeffer pikant abschmecken.

ETWA: 163 KCAL • 3 g EW • 11 g F • 14 g KH

Brötchen mit
Vitalburger für Genießer
Gemüse-Tatar

Die Möhre und den Kohlrabi waschen, putzen, schälen und in sehr kleine Würfel schneiden. Die Frühlingszwiebel waschen, putzen und in feine Ringe schneiden. Den Obstessig mit Salz, Pfeffer und Olivenöl verrühren. Das Gemüse damit anmachen und etwa 10 Minuten ziehen lassen.

Inzwischen das Salatblatt waschen und trockenschütteln. Den Frischkäse mit dem Zitronensaft, Salz und Pfeffer in einer Schüssel glatt verrühren. Das Brötchen längs aufschneiden und mit dem Salatblatt belegen. Die Frischkäsemasse darauf streichen. Das Gemüse-Tatar abtropfen lassen und auf der Käsemasse verteilen. Mit den Basilikumblättern und der zweiten Brötchenhälfte belegen.

Zutaten für 1 Person:
1/2 kleine Möhre (etwa 30 g)
1/4 kleiner Kohlrabi (etwa 50 g)
1 kleine Frühlingszwiebel
3 TL Obstessig, Salz
schwarzer Pfeffer
1 EL kaltgepresstes Olivenöl
1 mittelgroßes Salatblatt
1 EL fettarmer Frischkäse
(16 % Fett i. Tr.)
2 TL Zitronensaft
1 großes Vollkornbrötchen
2 Basilikumblätter

Eine Ode an das Olivenöl

Olivenöl heißt das Geheimnis der hundertjährigen Kreter. Auf der Insel der ewigen Jugend kocht man nicht nur damit, sondern man trinkt morgens ein Gläschen. Das grüne Gold des Mittelmeers schützt das Herz und beugt Krebs vor. Sein Geheimnis: essenzielle ungesättigte Fettsäuren und Vitamin E. Stellen auch Sie Ihren Fettkonsum auf dieses Forever-Young-Elixier um.

ETWA:
347 KCAL
12 g EW • 13 g F
43 g KH

Spinat-Tortilla-Würfel

Tapas! Alea jacta est – der Würfel ist gefallen

Zutaten für 1 Person: • 150 g fest kochende Kartoffeln • 2 TL Olivenöl • 1 Schalotte • 120 g tiefgekühlter Blattspinat (aufgetaut) • 2 Eier • 1 TL Majoran • Salz • Pfeffer

Die Kartoffeln schälen und in Scheiben hobeln. Das Öl in einer kleinen beschichteten Pfanne erhitzen. Die Kartoffeln rund 10 Minuten braten. Die Schalotte schälen und fein hacken. Den Spinat ausdrücken und hacken, beides untermischen. Die Eier mit Majoran, Salz und Pfeffer verrühren. Über das Gemüse geben, 10 Minuten stocken lassen. Die Tortilla abgekühlt würfeln.

Etwa: 338 Kcal • 19 g EW • 19 g F • 21 g KH

Kernige Apfel-Bratlinge

vollwertig in Hochform kommen

Zutaten für 1 Person: • 100 ml Gemüsebrühe • 1 1/2 EL Grünkernschrot • 1 EL Vollkorn-Haferflocken • 1/4 kleiner Apfel • 2 EL gemahlene Haselnüsse • Salz • 1/4 TL Thymian • 2 TL Öl

Die Brühe aufkochen lassen. Grünkernschrot und Haferflocken unterrühren, zugedeckt bei schwacher Hitze 20 Minuten quellen lassen. Den Apfel schälen, entkernen und grob raspeln. Mit Nüssen, Salz und Thymian unter den Brei mischen. Daraus drei kleine Bratlinge formen. Das Öl in einer beschichteten Pfanne erhitzen. Die Bratlinge darin 5–6 Minuten pro Seite braten.

Etwa: 276 Kcal • 7 g EW • 16 g F • 26 g KH

Zwiebelburger

Kraftpaket made in USA

mit Petersilie

Die Zwiebel schälen, halbieren und eine Hälfte beiseite legen. Die übrige Zwiebel fein hacken und mit dem Hackfleisch, den Semmelbröseln, Salz, Pfeffer und Thymian glatt verkneten. Daraus einen flachen Hamburger formen.

Eine Grillpfanne mit dem Öl einpinseln, den Hamburger darin bei mittlerer Hitze von jeder Seite in 5 Minuten braun braten. Inzwischen die übrige Zwiebel in feine Halbringe schneiden. Die Petersilie waschen, trockenschütteln, die Blätter abzupfen und fein hacken. Die Zwiebeln und Petersilie vermischen.

Das Vollkornbrötchen aufschneiden und die Hälften toasten. Das Salatblatt und die Petersilien-Zwiebel-Mischung auf einer Hälfte verteilen. Mit den Tomatenscheiben und dem Hamburger belegen. Die andere Brötchenhälfte darauf setzen.

Zutaten für 1 Person:

1 kleine weiße Zwiebel

80 g mageres Rinderhackfleisch

2 TL Vollkornsemmelbrösel

Salz, schwarzer Pfeffer

1/2 TL Thymian

1 TL Olivenöl

4 Zweige Petersilie

1 Vollkornbrötchen mit Sesam

1 Blatt Kopfsalat

2 Scheiben Tomaten

Zum Weinen gesund

Jede Zwiebel ist eine kleine Antibiotikafabrik: Allicin, schwefelhaltige Säuren und ätherische Öle desinfizieren den Darm, vernichten gefährliche Viren, Pilze, Bakterien. Die Zwiebel senkt den hohen Blutzuckerspiegel, festigt das Bindegewebe, hält das Blut flüssig, senkt den Blutdruck, schützt das Herz. Genug Gründe, die ein paar Tränen rechtfertigen.

power

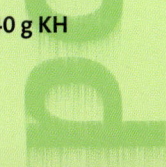

ETWA:

344 KCAL

24 g EW • 10 g F

40 g KH

Lachsspieße mit
die köstlichste Art, eine Batterie zu laden
Limetten-Joghurt

Das Lachsfilet waschen, trockentupfen und 30 Minuten ins Gefrierfach legen, dann in dünne, etwa 5 cm lange Streifen schneiden. Die Lachsstreifen wellenartig auf kleine Holzspieße reihen.

Zutaten für 1 Person:
100 g frisches Lachsfilet
(ohne Haut)
1 1/2 Limetten
Meersalz
schwarzer Pfeffer
4 Zweige Koriandergrün
40 g Joghurt (1,5 % Fett)
2 EL saure Sahne (10 % Fett)
1 kleine rote Chilischote
4 Holzspieße

1 Teelöffel Limettenschale abreiben und beiseite legen. Den Limettensaft ausspressen und bis auf 1 Teelöffel mit Salz und Pfeffer verrühren. Den Koriander abbrausen, trockenschütteln, die Blättchen abzupfen, hacken und untermischen. Die Lachsspieße in die Marinade geben und zugedeckt 10 Minuten ziehen lassen, zwischendurch wenden.

Inzwischen den Joghurt mit der sauren Sahne verrühren. Die Chilischote waschen, putzen, längs aufschlitzen, entkernen und winzig klein würfeln und unter den Joghurt mischen. Mit der Limettenschale, dem übrigen Limettensaft, Salz und Pfeffer abschmecken. Die Lachsspieße abtropfen lassen und mit dem Limetten-Joghurt-Dip servieren.

 Froh zu sein bedarf es Chili

Beißen Sie einmal in eine Chilischote und spüren Sie, wie Sie plötzlich glücklich werden. Die Schärfe lockt Endorphine, körpereigene Opiate, die Schmerz dämpfen und den ganzen Körper in Fröhlichkeit tauchen.

ETWA:

270 KCAL

22 g EW • 18 g F

7 g KH

power

Putensaté mit

so snacken Sie den Stress weg

Erdnuss-Sauce

Zutaten für 1 Person:
80 g Putenbrustfilet
1/2 Knoblauchzehe
4–5 TL Sojasauce
1/4 TL gemahlener Ingwer
Salz, schwarzer Pfeffer
1 Schalotte
2 TL Erdnussöl
6 EL Hühnerbrühe
2 TL Erdnusscreme mit Stücken
2 EL Magermilchjoghurt
1 Msp. Sambal Oelek
1–2 TL Zitronensaft

Das Fleisch waschen, trockentupfen, würfeln und auf Spieße reihen. Den Knoblauch schälen und zerdrücken, mit 3 Teelöffeln Sojasauce, 1/4 Teelöffel Ingwer, Salz und Pfeffer vermischen. Die Putenspieße darin wenden und 1 Stunde kalt stellen.

Inzwischen die Schalotte schälen, fein würfeln. 1 Teelöffel Öl erhitzen und die Schalottenwürfel darin bei schwacher Hitze glasig dünsten. Die Brühe und die Erdnusscreme einrühren. Aufkochen und bei schwacher Hitze 5 Minuten köcheln lassen. Vom Herd nehmen, den Joghurt unterrühren. Die Sauce mit 1–2 Teelöffeln Sojasauce, Sambal Oelek und Zitronensaft würzen. Eine Grillpfanne mit dem übrigen Öl einpinseln und erhitzen. Die Putenspieße darin von jeder Seite 3–4 Minuten braten. Die Spieße mit der Erdnuss-Sauce servieren.

Nüsse machen dick?

Haben Sie schon einmal ein dickes Eichhörnchen gesehen? Es isst fast nur Nüsse, knabbert Fettsäuren, die das Herz schützen, tankt Pantothensäure, die es vor grauen Haaren schützt. Wenn Sie täglich eine halbe Stunde laufen und (wie das Eichhörnchen) Fett verbrennen, dann machen Nüsse nicht dick – nur gesund.

power

ETWA:

410 KCAL

26 g EW • 21 g F

27 g KH

Würzhähnchen

Päckchen für Päckchen Kraftfutter

im Wirsingblatt

Das Hähnchenbrustfilet waschen, trockentupfen und in drei Stücke schneiden. Den Knoblauch schälen und zerdrücken. Für die Marinade den Orangensaft mit dem Knoblauch, Salz, Pfeffer, Kreuzkümmel und Oregano vermischen. Das Fleisch darin wenden und 10 Minuten ziehen lassen.

Inzwischen die Wirsingblätter waschen, putzen und in kochendem Salzwasser 2–3 Minuten blanchieren, kalt abschrecken und gut abtropfen lassen. Die Mittelrippen flach schneiden. Je 1 Hähnchenstück in die Wirsingblätter wickeln, dabei die Blätter fest ausdrücken. Über einer Handbreit kochendem Salzwasser bei mittlerer Hitze 15 Minuten dämpfen.

Die Marinade mit der Brühe verrühren und bei mittlerer Hitze 5 Minuten einkochen lassen. Abgekühlt als Dip zu den Würzhähnchen reichen.

Zutaten für 1 Person:

100 g Hähnchenbrustfilet
1/2 Knoblauchzehe
2 EL Orangensaft
Salz
schwarzer Pfeffer
1/4 TL gemahlener Kreuzkümmel
1/2 TL Oregano
3 mittelgroße Wirsingblätter
100 ml Hühnerbrühe

Blatt für Blatt Jugend

Jedes Blatt, jedes Röschen macht einen jünger: mit viel Eiweiß und kaum Kalorien. Vitamin A schützt die Haut, B-Vitamine polstern die Nerven, Vitamin C verbrennt Fett, Kalium entschlackt, Senföle und Farbstoffe beugen Krebs vor und senken den Cholesterinspiegel.

ETWA:
180 KCAL
25 g EW • 7 g F
5 g KH

power

Gefüllte Tomate
Fitness-Rohkost mit Anti-Aging-Garantie
mit Oliven-Käse

Die Tomate waschen, an der runden Seite einen flachen Deckel abschneiden, mit einem Löffel oder Kugelausstecher aushöhlen und umgedreht abtropfen lassen.

Den Frischkäse mit dem Quark, Essig, Öl, Salz und Pfeffer verrühren. Die Oliven in winzig kleine Würfel schneiden. Die Basilikumblätter abreiben und bis auf ein Blatt in feine Streifen schneiden. Die Petersilie waschen, trockenschütteln, die Blätter abzupfen und fein hacken. Die Oliven und die Kräuter unter die Käsemasse mischen.

Die Mischung in die Tomate füllen und mit dem übrigen Basilikum garnieren. Den Tomatendeckel auflegen.

Zutaten für 1 Person:

1 große Fleischtomate (etwa 250 g)

1 EL fettarmer Frischkäse (16 % Fett)

2 EL Magerquark

1 TL Sherryessig

1 TL Olivenöl

Salz

schwarzer Pfeffer

4 grüne mit Paprika gefüllte Oliven

5 Basilikumblätter

3 Zweige Petersilie

▶ **Basilikum und Tomate**

Frische Kräuter beruhigen oder beleben, vertreiben Bakterien, stärken das Immunsystem. Und ihre Inhaltsstoffe wie Sulfide, Flavonoide, Carotine, Cumarine und Terpene hemmen Krebs. Ihre Anti-Aging-Wirkung entfalten Kräuter am besten in Kombination mit anderen Pflanzen, zum Beispiel das Basilikum mit der Tomate.

power

ETWA:

118 KCAL

6 g EW • 7 g F

10 g KH

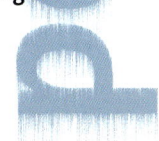

Nektarinenquark

Eiweißpower – so süß kann Erfolg schmecken

mit Pistazien

Zutaten für 1 Person: • 1 große Nektarine • 100 g Magerquark • 1 TL Fruchtzucker • 2 TL Zitronensaft • abgeriebene Zitronenschale (unbehandelte) • 2 TL gehackte Pistazienkerne

Die Nektarine waschen, halbieren und den Stein entfernen. Drei Viertel vom Fruchtfleisch klein schneiden, mit dem Quark, dem Fruchtzucker und dem Zitronensaft pürieren. Mit Zitronenschale abschmecken. Die übrige Nektarine in dünne Spalten oder Stücke schneiden und mit dem Quark anrichten. Mit den Pistazien bestreuen.

ETWA: 176 KCAL • 15 g EW • 2 g F • 23 g KH

Kalte Gurkensuppe

so tanken Sie schnell und herzhaft Energie

mit Joghurt

Zutaten für 1 Person: • 1/2 Salatgurke • 2 Zweige Dill • 100 ml Gemüsefond (aus dem Glas) • 50 g Joghurt (1,5 % Fett) • Salz • schwarzer Pfeffer • 1 EL Zitronensaft • 50 g Feta (Schafkäse)

Die Gurke schälen, längs halbieren und entkernen. Ein Viertel klein würfeln, den Rest grob klein schneiden. Den Dill waschen, trockenschütteln und hacken. Die groben Gurkenstücke mit dem Gemüsefond, Joghurt und Dill fein pürieren. Mit Salz, Pfeffer und Zitronensaft würzen. Den Feta in Würfel schneiden und mit den Gurkenwürfeln in die Suppe geben.

ETWA: 199 KCAL • 15 g EW • 13 g F • 7 g KH

Marinierter
Forever-Young-Elixier aus Asien
Paprika-Tofu

Den Tofu in kleine Würfel schneiden. Die Paprikaschoten gründlich waschen, halbieren, von Stielansätzen, Kernen und Trennwänden befreien und in kleine Würfel schneiden.

Für die Marinade den Essig und den Zitronensaft mit Salz, Pfeffer und Paprika in einer Schüssel verrühren. Das Öl gründlich unterschlagen. Die Petersilie waschen, trockenschütteln, die Blätter abzupfen, fein hacken und untermischen. Die Paprika- und Tofuwürfel mit der Sauce vermischen.

Die Radicchioblätter waschen, putzen und trockenschütteln. Die Tofu-Paprika-Mischung samt der Marinade auf den Radicchioblättern verteilen.

Zutaten für 1 Person:
- 60 g Tofu
- 1/4 grüne Paprikaschote
- 1/4 gelbe Paprikaschote
- 3 TL Rotweinessig
- 1 TL Zitronensaft
- Salz
- schwarzer Pfeffer
- Paprikapulver, rosenscharf
- 1 1/2 EL kaltgepresstes Olivenöl
- 4 Zweige Petersilie
- 2–3 Blätter Radicchio

Soja – asiatische Medizin

Warum haben Asiaten kaum Krebs? Sie essen Soja. Der Eiweißstoff Genestin und Phytoöstrogene (pflanzliche Schwestern des Östrogens) beugen Krebs vor. Sojaeiweiß senkt Blutfette und schützt vor Arteriosklerose. Forever-Young-Tipp: Ersetzen Sie täglich ein Milchprodukt durch Tofu, Sojajoghurt, Sojamilch. Starten Sie am besten jetzt damit.

ETWA:
211 KCAL
6 g EW • 18 g F
6 g KH

power

Putenfilet mit

überzeugt den Gaumen, schützt die Zelle

Tomaten-Salsa

Zutaten für 1 Person:
80 g Putenbrustfilet
1/2 Knoblauchzehe
1/2 TL gehackter Oregano
Paprikapulver, rosenscharf
Salz
2 TL Olivenöl
2 Tomaten (etwa 150 g)
1/2 rote Zwiebel
1/2 grüne Peperoni
3 Zweige Koriandergrün
2 TL Limettensaft
schwarzer Pfeffer

Das Fleisch waschen, trockentupfen und in zwei gleich große Scheiben schneiden. Die Knoblauchzehe schälen, zerdrücken und mit dem Oregano, Paprika, Salz und Öl vermischen. Die Filetscheiben in der Würzmischung wenden und 10 Minuten ziehen lassen.

Für die Salsa die Tomaten vierteln, entkernen und klein würfeln. Die Zwiebel schälen und fein hacken. Die Peperoni waschen, entkernen und in kleine Würfel schneiden. Den Koriander abbrausen, trockenschütteln, die Blätter abzupfen und hacken. Die Tomaten, die Zwiebel, die Peperoni, den Koriander und den Limettensaft vermischen. Mit Salz und Pfeffer würzen.

Eine Pfanne ohne Fett erhitzen. Die Filetscheiben darin bei mittlerer Hitze in 3–4 Minuten auf jeder Seite goldbraun braten, abkühlen lassen und mit Tomaten-Salsa servieren.

Schon wieder Tomaten?

Ja natürlich. Sie wollen doch gute Laune haben und ewig jung bleiben. Dann sollten Sie täglich Tomaten essen – häufig als Sauce. Ihre Biostoffe verjüngen die Zellen und schützen vor Krebs. Lycopen, der rote Farbstoff, entfaltet seine Antikrebs-Wirkung aber nur, wenn Sie die Tomate erhitzen. Ach ja, für gute Laune sorgt der Muntermacher Tyrosin.

ETWA:

176 KCAL

21 g EW • 8 g F

5 g KH

Geflügelsalat
mit Mango

perfektes Jungbrunnen-Duo: Exotin plus Eiweiß

Den Reis in leicht gesalzenem Wasser nach Packungsangabe in 25 Minuten garen. In ein Sieb abgießen und gut abtropfen lassen.

Zutaten für 1 Person:
50 g Naturreis mit Wildreis
Salz
80 g gegartes Hähnchenbrust-filet (ohne Haut)
1 Stück Mango (etwa 130 g)
1 Stange Staudensellerie
1 mittelgroße Möhre
1 frische Dattel
2 EL Limettensaft
schwarzer Pfeffer
50 g Joghurt (1,5 % Fett)
1/2 TL Akazienhonig
1/4 TL Sambal Oelek
1 Büschel Kresse

Inzwischen das Hähnchenfleisch in Streifen oder mundgerechte Stücke schneiden. Die Mango schälen und in Würfel schneiden. Den Sellerie waschen, putzen und in Scheiben schneiden. Die Möhre putzen, schälen und grob raspeln. Die Dattel längs aufschlitzen, entsteinen und in Streifen schneiden.

Die Hähnchenstreifen, die Hälfte der Mangowürfel, den Sellerie, die Möhrenraspel und die Dattelstreifen mit dem Reis und 1 Esslöffel Limettensaft vermischen, salzen und pfeffern.

Die übrigen Mangowürfel mit 1–2 Teelöffeln Limettensaft, dem Joghurt, dem Honig und dem Sambal Oelek pürieren. Mit Salz und Pfeffer pikant abschmecken. Das Dressing auf dem Salat verteilen und vor dem Servieren untermischen. Die Kresse abbrausen, trockenschütteln und den Salat damit garnieren.

power

Etwa: 420 Kcal • 29 g EW • 2 g F • 70 g KH

Mariniertes Roastbeef
ein Eiweißpower-Snack – natürlich »light«
mit Pilzen

Die Roastbeefscheiben grob zerteilen. Für die Marinade den Rotweinessig, den Aceto balsamico, Salz und Pfeffer verquirlen. 1 TL Olivenöl unterschlagen. Das Fleisch mit der Marinade bestreichen und in eine flache Schüssel legen.

Die Pilze abreiben, putzen, die Stiele herausdrehen und entfernen. Die Hüte in feine Scheiben schneiden. Die Frühlingszwiebel waschen, putzen und in dünne Ringe schneiden.

Das übrige Öl in einer Pfanne erhitzen, die Pilze und das Weiße der Frühlingszwiebel darin bei starker Hitze 1–2 Minuten braten. Mit Salz, Pfeffer und Thymian würzen. Auf dem Fleisch verteilen. Mit der übrigen Marinade beträufeln und mit dem Frühlingszwiebelgrün bestreuen. Abgedeckt über Nacht im Kühlschrank durchziehen lassen.

Zutaten für 1 Person:
60 g Roastbeef-Aufschnitt
1 TL Rotweinessig
1 TL Aceto balsamico
Salz
schwarzer Pfeffer
2 TL Olivenöl
50 g Shiitakepilze (ersatzweise Egerlinge)
1 Frühlingszwiebel
1/2 TL gehackter Thymian

Kontrolle schmeckt besser

Sie mögen Fleisch? Kein Wunder, das steht in Ihren Genen. Doch so ganz trauen Sie den Brocken nicht, die Ihnen die Fleischindustrie in den letzten Jahren serviert hat. Recht haben Sie. Nur Sie können etwas ändern. Sie haben die stärkste Waffe in der Hand: Das Geld, mit dem Sie für Qualität bezahlen. Kaufen Sie nur Fleisch, über das sie alles wissen.

ETWA:
290 Kcal
18 g EW • 10 g F
39 g KH

power

Hirsesalat

für die Beauty ganz fix aufgetischt

mit Garnelen

Die Hirse waschen. In einem Topf 1 Teelöffel Öl erhitzen, die Hirse darin 2–3 Minuten anrösten. Die Zwiebel schälen, fein würfeln, dazugeben und bei schwacher Hitze andünsten. Mit der Brühe ablöschen, aufkochen und zugedeckt bei schwacher Hitze 15 Minuten quellen lassen. Die Gurke schälen und würfeln, mit dem Mais unter die Hirse mischen. Den Zitronensaft und den Essig mit Salz, Pfeffer und dem übrigen Öl verrühren. Den Dill waschen, trockenschütteln und 1 kleinen Zweig beiseite legen. Die Blättchen abzupfen, hacken und unter die Marinade rühren. Über den Hirsesalat gießen und gut durchmischen.

Die Garnelen in einem Sieb abbrausen, abtropfen lassen und unter den Salat mischen. Mit dem übrigen Dill garnieren.

Zutaten für 1 Person:

30 g Hirse

3 TL Rapsöl

1 kleine Zwiebel

1/8 l Gemüsebrühe

120 g Salatgurke

2 EL Maiskörner (aus der Dose)

1 TL Zitronensaft

1/2 TL Aceto balsamico

Salz

schwarzer Pfeffer

4 Zweige Dill

60 g Eismeer-Garnelen

> **Wenn's schön macht ...**

Das tut Hirse. Mit wertvollem Eiweiß und mit Silizium. Das Spurenelement festigt das Bindegewebe, das beugt Cellulite vor, kräftigt Haare, Nägel, Knochen. Hirse und Garnelen – ein unschlagbarer Eiweißschub für straffe Haut, fülliges Haar und ein Ade an die Fettmoleküle. Wie Sie wissen: Eiweiß ist ein Fatburner, verbrennt Fettmoleküle, während Sie essen.

ETWA:

327 Kcal

17 g EW • 12 g F

36 g KH

power

Zucchini-Röllchen
das macht alle Körperzellen glücklich
mit Forellenfilet

Das Forellenfilet waschen, trockentupfen, von Haut und Gräten befreien und zerkleinern. Die Frühlingszwiebel waschen, putzen und in feine Ringe schneiden. Zusammen mit dem Essig, dem Bindemittel, dem Eiweiß, Salz und Pfeffer im Mixer glatt pürieren. Abgedeckt 10 Minuten kalt stellen.

Inzwischen den Zucchino waschen, putzen und längs in 8 gleichmäßig dünne Scheiben schneiden, auf beiden Seiten salzen und pfeffern. Eine beschichtete Pfanne mit dem Öl erhitzen. Die Zucchinischeiben darin auf jeder Seite 2 Minuten anbraten, auf Küchenpapier abtropfen lassen.

Die Zucchinischeiben gleichmäßig mit der Forellenfarce bestreichen, die Basilikumblätter darauf verteilen und die Zucchinischeiben vorsichtig aufrollen, eventuell mit Holzspießen feststecken. Die Röllchen aufrecht auf einen Teller setzen und auf einem Siebeinsatz über einer Handbreit kochendem Salzwasser 10 Minuten dämpfen. Kalt servieren oder im Büro in der Mikrowelle kurz erwärmen.

Zutaten für 1 Person:
100 g Lachsforellenfilet
1 Frühlingszwiebel
1 TL Weißweinessig
1/2 g pflanzliches Bindemittel
(aus dem Reformhaus)
1 Eiweiß
Salz
schwarzer Pfeffer
1 mittelgroßer Zucchino
(etwa 200 g)
2 TL Olivenöl
8 Basilikumblätter
8 Holzspießchen

power
Etwa: 220 Kcal • 27 g EW • 10 g F • 5 g KH

Sandwich mit Chilihüttenkäse

macht den Gaumen scharf auf Eiweiß

Die Zwiebel schälen und fein würfeln. Die Peperoni waschen, entkernen und ohne den Stielansatz in sehr kleine Würfel schneiden.

Das Öl erhitzen, die Zwiebelwürfel und die Peperoni darin bei schwacher Hitze andünsten. Mit dem Aceto balsamico, Salz und Pfeffer würzen. Die Masse unter den Frischkäse mischen.

Die Toastbrote toasten. Die Avocado schälen und in dünne Scheiben schneiden. Sofort mit dem Zitronensaft beträufeln. Den Chilihüttenkäse auf den Toastbrotscheiben verteilen. Nur eine Scheibe mit den Avocadospalten belegen, salzen und pfeffern. Die übrige Scheibe darauf legen, andrücken und einmal diagonal durchschneiden. In Klarsichtfolie wickeln und bis zum Verzehr kalt stellen.

Zutaten für 1 Person:

1/4 weiße Zwiebel

1 scharfe rote Peperoni

1 TL Olivenöl

1/2 TL Aceto balsamico

Salz

schwarzer Pfeffer

60 g körniger Frischkäse
(20 % Fett i. Tr.)

2 Scheiben Vollkorntoast

1/4 Avocado

1 TL Zitronensaft

Eiweiß ohne Fett

Das kommt in der Natur nur selten vor. In Hülsenfrüchten, in Fisch, in Geflügel, in mageren Milchprodukten wie Hüttenkäse. Der ist der ideale Snack im Büro, um leere Eiweißtanks zu füllen – für Kreativität und Höchstleistung. Oder nach dem Sport, um Stoff für Muskeln zu liefern. Mit Chili kombiniert, wachsen einem Flügel.

ETWA:

330 Kcal

14 g EW • 21 g F

24 g KH

power

Weißkohlsalat
mit Grapefruit

stärkt die Nerven, wappnet das Immunsystem

Die Sonnenblumenkerne in einer Pfanne ohne Fett rösten und abkühlen lassen.

Leicht gesalzenes Wasser in einem Topf zum Kochen bringen. Den Weißkohl waschen,

vom Strunk befreien und in sehr feine Streifen schneiden. Im

Salzwasser 1 Minute garen, kalt abschrecken und abtropfen las-

sen. Die Möhre putzen, schälen und grob raspeln. Die Frühlings-

zwiebel waschen, putzen und schräg in dünne Ringe schneiden.

Die Grapefruit samt weißer Haut schälen. Die Fruchtfilets zwi-

schen den Trennhäutchen herausschneiden, dabei den abtrop-

fenden Saft auffangen. Die Trennwände auspressen. Den Grape-

fruitsaft mit Essig, Salz, Pfeffer und Schmand verrühren. Die

Schalotte schälen und sehr fein würfeln. Die Petersilie waschen,

trockenschütteln, die Blätter abzupfen und hacken. Beides unter

das Dressing mischen. Die Kohlstreifen, die Möhrenraspel, die

Frühlingszwiebelringe und die Grapefruitfilets untermischen.

Zutaten für 1 Person:
2 TL Sonnenblumenkerne
Salz
1 Stück zarter Weißkohl
(etwa 150 g)
1 mittelgroße Möhre
1 Frühlingszwiebel
1 rosa Grapefruit
1 EL Weißweinessig
schwarzer Pfeffer
1 EL Schmand (24 % Fett)
1 Schalotte
4 Zweige Petersilie
3 Scheiben Lachsschinken

Den Lachsschinken in feine Streifen schneiden. Mit den Sonnenblumenkernen auf

den Salat streuen. Oder den Salat mit den ganzen Scheiben garnieren. Dazu passt

geröstetes Vollkornbrötchen.

power

ETWA: 242 KcAL • 22 g EW • 7 g F • 24 g KH

Linsensalat

die Literatur-Nobelpreis-Basis: Wortgewalt & Linsen

mit Radieschen

Zutaten für 1 Person: • 40 g grüne Linsen • 1 Schalotte • 5–6 Radieschen • 2 Stangen Staudensellerie • 30 g Rucola • 1–2 EL Aceto balsamico • 1/2 TL Senf • Salz • schwarzer Pfeffer • 1 EL Kürbiskernöl

Die Linsen mit 300 ml kaltem Wasser bei schwacher Hitze in 20 Minuten garen, dann abgießen. Die Schalotte schälen und würfeln. Radieschen und Sellerie waschen, putzen und in Scheiben schneiden. Den Rucola putzen, waschen und abtropfen lassen. Den Essig mit Senf, Salz, Pfeffer und Öl verrühren. Mit den lauwarmen Linsen und dem Gemüse vermengen.

Etwa: 233 Kcal • 11 g EW • 9 g F • 27 g KH

Lauch-Käse-

das baut Sie wieder auf

Omelett

Zutaten für 1 Person: • 1 dünne Stange Lauch • 1/2 kleine Zwiebel • 1 EL Rapsöl • Salz • schwarzer Pfeffer • 1/2 TL Thymian • 2 Eier • 2 EL fein geriebener alter Gouda

Den Lauch waschen, putzen und in feine Scheiben schneiden. Die Zwiebel schälen und klein würfeln. Das Öl in einer beschichteten Pfanne erhitzen. Lauch und Zwiebelwürfel darin 5 Minuten andünsten. Mit Salz, Pfeffer und Thymian würzen. Die Eier mit 1 Esslöffel Wasser und dem Käse verquirlen, über das Gemüse gießen. Bei mittlerer Hitze stocken lassen.

Etwa: 413 Kcal • 22 g EW • 35 g F • 3 g KH

Gratiniertes

»Strammer Max« für Forever-Young-Fans

Champignon-Brot

Den Spinat waschen und verlesen. Tropfnass in einem Topf zugedeckt bei starker Hitze zusammenfallen lassen. In einem Sieb ausdrücken und hacken.

Die Champignons abreiben, putzen und in Scheiben schneiden. Die Schalotte schälen und fein würfeln. Den Backofen auf 200° vorheizen. 2 Teelöffel Öl erhitzen. Schalotten und Champignons darin 2 Minuten andünsten. Den Spinat zugeben, salzen und pfeffern.

Die Tomaten waschen und ohne die Stielansätze in Scheiben schneiden. Den Knoblauch schälen. Das Brot damit kräftig einreiben. Mit den Tomatenscheiben belegen, leicht salzen und pfeffern. Die Spinatmasse darauf verteilen und mit dem Käse bestreuen. Mit dem übrigen Olivenöl beträufeln. Auf einem Blech im Backofen (Mitte) 4–5 Minuten überbacken.

Zutaten für 1 Person:

150 g Blattspinat

50 g Champignons

1 Schalotte

3 TL Olivenöl

Salz

schwarzer Pfeffer

2 kleine Tomaten

1/2 Knoblauchzehe

1 große Scheibe Bauernbrot
(etwa 120 g)

1 1/2 EL frisch geriebener
Emmentaler

Grünes Licht für Spinat

Die Mär vom hohen Eisengehalt glauben Sie nicht. Recht haben Sie. Trotzdem essen! Sein Beta-Carotin schützt die Schleimhäute, seine B-Vitamine besänftigen die Nerven und schärfen den Geist. Sein Kalium entwässert, sein Magnesium sorgt für funktionierende Muskeln und Nerven. Bitte beim Bio-Bauern kaufen.

power

ETWA:

507 KCAL

20 g EW • 18 g F

64 g KH

Mangold-Gemüse

Rot-Grün-Bündnis für die Fitness

mit Kartoffeln

Die Kartoffeln unter fließendem Wasser gründlich waschen und in Salzwasser 25 Minuten kochen. Den Mangold putzen und waschen, die Blätter von den Stielen trennen. Die Stiele in etwa 2 cm breite Stücke, die Blätter in feine Streifen schneiden. Die Möhren waschen, putzen, schälen und schräg in Scheiben schneiden. Die Schalotte und den Knoblauch schälen.

Das Öl in einem Topf erhitzen. Schalotte, Knoblauch, Möhren und Mangoldstiele darin bei schwacher Hitze unter Wenden andünsten. Den Fond angießen, aufkochen lassen und zugedeckt bei schwacher Hitze in 6–8 Minuten garen.

Die Mangoldblätter dazugeben und zugedeckt bei schwacher Hitze 5 Minuten dünsten. Mit etwas Zitronenschale, dem Zitronensaft, Salz und Pfeffer würzen. Das Bindemittel und die saure Sahne unterrühren und 2 Minuten offen köcheln lassen.

Die Kartoffeln abgießen, kurz ausdämpfen lassen, pellen und dazu servieren.

Zutaten für 1 Person:
200 g kleine Kartoffeln
Salz
250 g Mangold
2 mittelgroße Möhren
1 Schalotte
1 kleine Knoblauchzehe
1 EL Rapsöl
50 ml Gemüsefond
(aus dem Glas)
abgeriebene Zitronenschale
(unbehandelte)
1 EL Zitronensaft
schwarzer Pfeffer
0,5 g pflanzliches Bindemittel
(aus dem Reformhaus)
1 EL saure Sahne (10 % Fett)

power

ETWA: 380 KCAL • 12 g EW • 17 g F • 43 g KH

Grüne Paprika-
so macht ein Kellerkind Furore
Kartoffelsuppe

Die Paprika halbieren, waschen, von Stielansatz, Kernen und Trennwänden befreien und klein würfeln. Zwiebel und Knoblauch schälen und fein hacken. Die Kartoffeln schälen, waschen und würfeln.

Zutaten für 1 Person:
1 grüne Paprikaschote
1/2 kleine Zwiebel
1/2 Knoblauchzehe
150 g mehlig kochende
Kartoffeln
2 TL Olivenöl
200 ml Gemüsefond
(aus dem Glas)
2 Zweige Majoran
Salz
schwarzer Pfeffer
1 EL saure Sahne (10 % Fett)

Das Öl erhitzen. Zwiebel und Knoblauch darin bei schwacher Hitze glasig dünsten. Die Paprikawürfel bis auf 2 Teelöffel dazugeben und unter Rühren bei mittlerer Hitze 3 Minuten andünsten. Die Kartoffeln und den Fond dazugeben, langsam zum Kochen bringen. Den Majoran waschen, trockenschütteln, die Blätter abstreifen und hacken. Die Suppe mit Majoran, Salz und Pfeffer würzen. Zugedeckt 15 Minuten köcheln lassen.

Die Suppe vom Herd nehmen, pürieren und die saure Sahne untermixen. Mit Salz und Pfeffer abschmecken. Die Paprikawürfel darauf streuen.

Das arme Kellerkind

Kartoffeln machen dick. Ja, weil der Mensch sie irgendwann aus dem Keller holte und in Fett tauchte. Als Chips oder Pommes frites schlägt sich die Kartoffel seither auf den Hüften nieder. Das tut sie »light« natürlich nicht. Je 100 g Pellkartoffeln haben 0,3 Gramm Fett, Pommes 6 Gramm, Chips 40 Gramm.

ETWA:

249 KCAL

5 g EW • 11 g F

30 g KH

power

Provenzalischer
der Stoff, aus dem die Glückshormone sind
Gemüse-Eintopf

Den Zucchino putzen, waschen, längs halbieren und in dünne Scheiben schneiden. Die Aubergine putzen, waschen und in 1–2 cm große Würfel schneiden. Die Zwiebel und den Knoblauch schälen und fein hacken.

Das Öl erhitzen. Die Zwiebel und den Knoblauch darin bei schwacher Hitze glasig dünsten. Zucchinischeiben und Auberginenwürfel dazugeben und 5–6 Minuten dünsten. Inzwischen die Fleischtomate überbrühen, abschrecken und häuten, vierteln, entkernen und würfeln. Zum Gemüse geben, mit dem Fond aufgießen und langsam zum Kochen bringen. Mit den Kräutern, Salz, Pfeffer und Zitronensaft würzen und alles bei mittlerer Hitze 10 Minuten köcheln lassen. Mit der Petersilie bestreut servieren.

Zutaten für 1 Person:

1 kleiner Zucchino (etwa 100 g)

100 g Aubergine

1 kleine weiße Zwiebel

1/2 Knoblauchzehe

2 TL Olivenöl

1 Fleischtomate

1/4 l Gemüsefond
(aus dem Glas)

1/2 TL Kräuter der Provence

Salz, schwarzer Pfeffer

1 TL Zitronensaft

1 EL frisch gehackte Petersilie

Die Farb-Philosophie

Je kräftiger die Farbe des Gemüses, desto mehr Vitalstoffe sind enthalten. Wenn Sie dann noch Gemüse mit verschiedenen Farben kombinieren, wie Aubergine, Zucchino, Tomate und Zwiebel , dann schenken Sie Ihren Körperzellen eine breite Palette der verschiedenen Vitalstoffe aus dem Garten Eden.

ETWA:

179 KCAL

5 g EW • 10 g F

15 g KH

power

Gemüse-Wok

Vitalstoffpower aus der Pfanne

mit Kabeljau

Das Fischfilet waschen, trockentupfen und in Streifen schneiden. Die Soja-sauce, Salz und Bindemittel in einer Schüssel verrühren, den Fisch darin 10 Minuten ziehen lassen.

Die Möhren putzen, schälen und schräg in Scheiben schneiden. Den Sellerie waschen, putzen und in Scheiben schneiden. Die Zuckerschoten waschen, putzen und in der Mitte durchschneiden. Die Spros-sen heiß abbrausen und abtropfen lassen.

Einen beschichteten Wok oder eine Pfanne mit 1 Teelöffel Öl mittelstark erhitzen. Den Fisch darin in 4 Minuten unter vorsichtigem Rühren anbraten, dann herausnehmen. Das übrige Öl, die Möhren, den Sellerie und die Zuckerschoten dazugeben und 3 Mi-nuten pfannenrühren. Die Sprossen hinzufügen und 1 Minute mitbraten. Die Brühe angießen, aufkochen lassen und das Gemüse 4 Minuten dünsten. Mit Pfeffer und Fischsauce würzen. Den Fisch untermischen und 2 Minuten ziehen lassen. Dazu passt 50 g Naturreis.

Zutaten für 1 Person:

100 g Kabeljaufilet
4 TL Sojasauce
Salz
1 g pflanzliches Bindemittel
(aus dem Reformhaus)
2 Möhren
1 Stange Staudensellerie
100 g Zuckerschoten
50 g Sojasprossen
2 TL Erdnussöl
50 ml Hühnerbrühe
schwarzer Pfeffer
1 EL Fischsauce (aus dem
Asienladen)

power

ETWA: 340 KCAL • 29 g EW • 14 g F • 24 g KH

Brokkolireis

Fastfood für die schlanke Linie

mit Mandeln

Die Schalotte und den Knoblauch schälen und fein würfeln. Das Öl erhitzen und beides darin bei schwacher Hitze glasig dünsten. Den Reis hinzufügen und kurz anbraten. Mit der Brühe aufgießen und zugedeckt bei schwacher Hitze 10 Minuten köcheln lassen.

Zutaten für 1 Person:
1 Schalotte
1/2 Knoblauchzehe
1 TL Sojaöl
75 g parboiled Naturreis
200 ml kräftige heiße
Gemüsebrühe
150 g Brokkoli
Salz, schwarzer Pfeffer
1 TL Currypulver
1 kleine Fleischtomate
20 g gehackte Mandeln

Den Brokkoli waschen, putzen und in Röschen teilen. Die Stiele schälen und klein schneiden. Den Brokkoli und 100 ml Wasser unter den Reis heben. Mit Salz, Pfeffer und Curry würzen und zugedeckt bei schwacher Hitze in 15 Minuten fertig garen.

Die Tomate überbrühen, abschrecken, häuten, vierteln, entkernen und ohne Stielansatz 1 cm groß würfeln. Die Mandeln in einer Pfanne ohne Fett goldbraun rösten. Die Mandeln mit den Tomatenwürfeln unter den Reis heben.

Die Natur weiß es besser

Zugegeben, an Naturreis muss man sich erst gewöhnen. Probieren Sie ihn aus. Sie gewinnen viel: Die Bauchspeicheldrüse muss nicht so viel Insulin produzieren wie nach dem Genuss von geschältem Reis. Und Ihre Hüften sagen danke: Sie müssen nicht mehr so viel Fett horten. Das Gleiche gilt für Vollkornnudeln.

power

ETWA:

508 Kcal

17 g EW • 19 g F

66 g KH

Zucchini-Spaghetti
ein Teller voll gesunder Energie
mit Oliven

Die Spaghetti in reichlich Salzwasser nach Packungsangabe bissfest garen. Den
Zucchino waschen, putzen und in 3–4 cm lange, dicke Stifte schneiden. Die
Frühlingszwiebel waschen, putzen und nur das Weiße und Hell-
grüne in feine Ringe schneiden. Den Knoblauch schälen und
klein würfeln.

Das Öl in einer Pfanne erhitzen. Zucchinistifte, Frühlingszwiebel
und Knoblauch darin bei mittlerer Hitze 3 Minuten braten. Mit
Salz, Pfeffer und Zitronensaft abschmecken. Den Fond angießen
und das Gemüse zugedeckt 1–2 Minuten dünsten. Die Pfanne
vom Herd nehmen, die saure Sahne unterrühren.

Die Spaghetti abgießen, kurz abtropfen lassen und mit den Oliven untermischen. Auf einem tiefen Teller anrichten und mit
dem Parmesan bestreuen. Die Basilikumblätter abreiben und
zur Garnierung obenauf legen.

Zutaten für 1 Person:
100 g Vollkornspaghetti
Salz, 125 g Zucchini
1 Frühlingszwiebel
1 kleine Knoblauchzehe
2 TL Olivenöl
schwarzer Pfeffer
1 TL Zitronensaft
3 EL Gemüsefond
1 EL saure Sahne (10 % Fett)
6 schwarze Oliven (etwa 25 g)
1 EL frisch geriebener Parmesan
6 Basilikumblätter

Zucchini – das Sonnengemüse

Sie schmecken nach Mittelmeer. Und ganz
nebenbei wappnen sie mit ihrem Magnesium gegen Stress, schützen mit ihren Ca-
rotinoiden jede einzelne Körperzelle vor
dem Angriff alt machender Radikale. Sie
entwässern und entgiften den Darm. Sie
haben pro 100 Gramm gerade mal 18 kcal.

ETWA:

500 KCAL

20 g EW • 16 g F

70 g KH

Register
Quickies für Kopfarbeiter

► **Abkürzungen**

TL	= Teelöffel	kcal	= Kilokalorien
EL	= Esslöffel	EW	= Eiweiß
Msp.	= Messerspitze	F	= Fett
		KH	= Kohlenhydrate

Impressum

Dank

Der Autor bedankt sich ganz herzlich bei Marion Grillparzer, die ihm erneut geholfen hat, sein Wissen zu Papier zu bringen.

Redaktion: Anne Lenk
Lektorat: Dipl. oec. troph. Maryna Zimdars
Rezepte: Martina Kittler
Umschlaggestaltung: independent Medien-Design, Claudia Fillmann
Innenlayout: Heinz Kraxenberger
Herstellung: Helmut Giersberg
Fotos: FoodPhotography Eising, München
Satz: Johannes Kojer
Reproduktion: Repro Schmidt, Dornbirn
Druck: Appl, Wemding
Bindung: Sellier, Freising
ISBN: 3-7742-2613-X

Auflage: 5. 4. 3. 2. 1.
Jahr: 2005 04 03 02 01

Dr. Ulrich Strunz (57) studierte Kernphysik und Medizin im In- und Ausland, forschte und publizierte über hormonelle Steuerung von Körperfunktionen (knapp 100 wissenschaftliche Publikationen). Er praktiziert als Internist und Orthomolekularmediziner und betreut Leistungs-und Breitensportler. Mit 45 fing er an, Extremsport zu treiben – heute gehört er in seiner Altersklasse zur Weltspitze der Ultra-Triathleten.
Dr. Strunz hält Fitness-Seminare und schreibt Bücher zum Thema. Die Presse nennt ihn den deutschen »Fitness-Papst«.

Weitere Informationen zu:

- Eiweißpräparaten, Nahrungsergänzungsmitteln
- Blutanalysen, Laktattests, Leistungsparameter sowie
- Seminaren und Workshops mit dem Autor Dr. Strunz

erhalten Sie bei:
Vitalmind
Waldstraße 16
CH-3360 Hierzogenbuchsee

www.vitalmind.net
info@vitalmind.ch
Telefon: 0041-(0)62/956 68 80
Telefax: 0041-(0)62/956 68 89

Das Original mit Garantie

IHRE MEINUNG IST UNS WICHTIG. Deshalb möchten wir Ihre Kritik, gerne aber auch Ihr Lob erfahren. Um als führender Ratgeberverlag für Sie noch besser zu werden. Darum: Schreiben Sie uns! Wir freuen uns auf Ihre Post und wünschen Ihnen viel Spaß mit Ihrem GU-Ratgeber.

UNSERE GARANTIE: Sollte ein GU-Ratgeber einmal einen Fehler enthalten, schicken Sie uns das Buch mit einem kleinen Hinweis und der Quittung innerhalb von sechs Monaten nach dem Kauf zurück. Wir tauschen Ihnen den GU-Ratgeber gegen einen anderen zum gleichen oder ähnlichen Thema um.

**Ihr Gräfe und Unzer Verlag
Redaktion Kochen
Postfach 86 03 25
81630 München
Fax: 089/41981-113
e-mail: leserservice@
graefe-und-unzer.de**